Ein Stern geht auf aus Jakob

Sieger Köder

Ein Stern geht auf aus Jakob
Eine Weihnachtsgeschichte von Rosenberg

Schwabenverlag

VERLAGSGRUPPE PATMOS

PATMOS
ESCHBACH
GRÜNEWALD
THORBECKE
SCHWABEN
VER SACRUM

Die Verlagsgruppe

Für die Verlagsgruppe Patmos ist Nachhaltigkeit ein wichtiger Maßstab ihres Handelns. Wir achten daher auf den Einsatz umweltschonender Ressourcen und Materialien.

Neuausgabe
Alle Rechte vorbehalten
© 2020 Schwabenverlag
Verlagsgruppe Patmos in der Schwabenverlag AG, Ostfildern
www.schwabenverlag-online.de

Umschlaggestaltung: Finken & Bumiller, Stuttgart
Satz: Schwabenverlag AG, Ostfildern
Druck: Finidr s. r. o., Český Těšín
Hergestellt in Tschechien
ISBN 978-3-7966-1800-0

Vorwort

Die Geschichte vom Stern, der die Geburt des Jesuskindes anzeigt und zum Wegführer der Weisen nach Betlehem wird, hat die Christenheit von den ältesten Zeiten an sehr bewegt. Zeugnisse dafür sind nicht nur die Darstellungen in Malerei und Plastik, sondern bis in unsere Gegenwart herein der spielerische Nachvollzug. Gerade die Weihnachtszeit ist reich an frommem Brauchtum, das mitunter eine lange Geschichte hat. Dazu gehört zweifellos der Brauch des Sternsingens, in dem das Wandern der Weisen hinter dem Stern in seinem symbolischen Gehalt erfahren wird. In diesem Wandern wird einer der wesentlichen Inhalte des christlichen Glaubens aufgegriffen und in spielerischer Form Beteiligten wie Zuschauern nahegebracht: der Aufbruch des Menschen auf das Zeichen der Verheißung Gottes hin und sein Weg durch das Unbekannte in das Haus der Erscheinung Gottes. Zu allen Zeiten haben Menschen sich deshalb in den Gestalten der Weisen aus dem Osten wiedererkannt. So sind sie zu Wegbegleitern geworden, die zu allen Zeiten Christen auf ihrem Lebensweg geleiteten, den man zu früheren Zeiten in jeder Wanderung beispielhaft wiedererkannte. So haben die Menschen des Mittelalters mit Vorliebe Symbole aus der Geschichte der Weisen als Erkennungs- und Segenszeichen über die Türen ihrer Raststätten und Gasthäuser gehängt, wie die Bezeichnungen »Zum Stern«, »Zur Krone«, »Zum Mohren«, »Zum Elefanten« zeigen. Und bis heute hat sich der Brauch erhalten, am Erscheinungsfest die Wohnungen zu segnen und die Anfangsbuchstaben der Weisen über die Türen zu schreiben, die zugleich den alten Segensspruch bezeichnen: Christus Mansionem Benedicat – Christus segne dieses Haus.

Das vorliegende Büchlein von Sieger Köder ist so etwas wie eine Weiterführung der Weihnachtsgeschichte vom Hohenberg.

Es fügt den Texten und Darstellungen der Geburt Jesu solche aus dem Mattäusevangelium an, die aus der Feier des Erscheinungsfestes bekannt sind. Dieses zweite Hochfest der Weihnachtszeit feiert die Ankunft Gottes in der Welt als das Aufgehen des Lichtes in der Dunkelheit. Das Aufgehen des Lichtes lockt zum Aufbruch der Menschen und führt sie zum Ziel der Verheißung. Diesen Gedanken hat Sieger Köder in der ihm eigenen Weise in Wort und Bild dargestellt. Dabei ist bewusst dem Brauch des Sternsingens entsprechend das Wort des Evangeliums in schwäbische Vorstellungs- und Ausdrucksweise eingebettet. Auf diese Weise kann die biblische Botschaft leichter gehört und aufgenommen werden. Dies gilt für die gottesdienstliche Feier, bei der die Bilder in Rosenberg erstmals gezeigt wurden, wie für das Lesen und Betrachten dieses Büchleins.

Herbert Leroy

Zur 1. Auflage 1984

Hört ihr kleinen und großen Leute,
was wir euch wollen verkünden heute,
wie das uns auf geschrieben ist
vom heiligen Mattäus Evangelist.

Ganz vorne fast schreibt er es drum
in sein Evangelium,

wie es dann weitergegangen ist,
als unser Heiland Jesus Christ
ganz oben am Stammbaum vom Abraham
als letzter Trieb zur Erde kam.
So, denkt jetzt Mattäus, der Evangelist:
Wie sag ich es, wer das Kind wirklich ist?
Kein ganz gewöhnliches – überhaupt nicht!

Da geht dem Mattäus auf ein Licht.
Er hat in der Weihnachtswinternacht
viel Sterne gesehen und nachgedacht:
Wer Jesus ist, das will ich gern
euch sagen mit der Geschichte vom Stern.

Die Menschen konnten schon immer ahnen,
dass Menschengeschichten und Sternenbahnen,
die manchmal kurzen, die manchmal langen,
halt miteinander zusammenhangen.
Als Gott sprach, dass die Erde werde,
da war ein Stern auch unsere Erde.
Aus Sternenstoff sind wir selber gemacht,
ein jeder Mensch in seiner Nacht,
ein Sternenstaub auf seinen Wegen
und andere Sterne kommen entgegen.

Und andere denken: Wie ein ganz dunkles Zelt
spannt das Himmelsgewölbe sich über die Welt,
und jeder Stern ist ein ganz kleines Loch,
da leuchtet von oben der Himmel dann doch
ein wenig durch, und dann kann es sein,
wir schau'n durch den Stern in den Himmel hinein.

Und manchmal sehen im Sternengewimmel
voll Sternbilder wir den Sternenhimmel:

Sieben Sterne so ungefähr,
das ist doch, das gibt doch den Großen Bär,

und fünfmal so weit vom Fuß bis zum Schwanz
nach oben, da ist doch da oben dann ganz
ein heller Stern, den hat, seht nur her,
in seinem Maul der kleine Bär.
Das ist ein Stern, ganz hell und klar,
der steht im Norden und heißt »Polar«.

Und jeder Seemann weiß es genau:
Wenn ich zum Polarstern nach oben schau,
es geht, steht er links, nach Osten am besten,
und steht er rechts, geht's richtig nach Westen.
So hilft der Stern in allen vier Winden
dem Schiff die richtige Richtung finden.

Ein Stern, durch den wir den Himmel sehn,
ein Stern, der uns will entgegen geh'n,
ein Stern, der kreuzt uns're Lebensbahn,
ein Stern, der gibt uns die Richtung an,
ein Sternbild von Gott, das strahlt in den Schacht
der Herzen und jedem in seine Nacht,
ein solcher Stern, der das alles ist,
das ist unser Heiland Jesus Christ –

denkt Mattäus und schaut ans Firmament,
da fällt ihm gleich ein, dass im Testament,

im Alten, ein solcher schon aufgegangen
und dort zu strahlen schon angefangen,

als der Prophet, der Bileam,
im vierten Buch Mose geritten kam,
obwohl er nicht wollte, obwohl er nichts wusste,
halt doch den Segen sagen musste:
»Aus Jakob wird gehen auf ein Stern.«
Der leuchtet allen nah und fern,
geboren im Nahen, erschienen im Weiten,
den Juden vom Stammbaum,
        vom Himmel den Heiden.

Wie eine Lampe am düsteren Ort,
so leuchtet das Prophetenwort,
bis einmal, heller als tausend Kerzen,
der Morgenstern aufgeht in eurem Herzen.

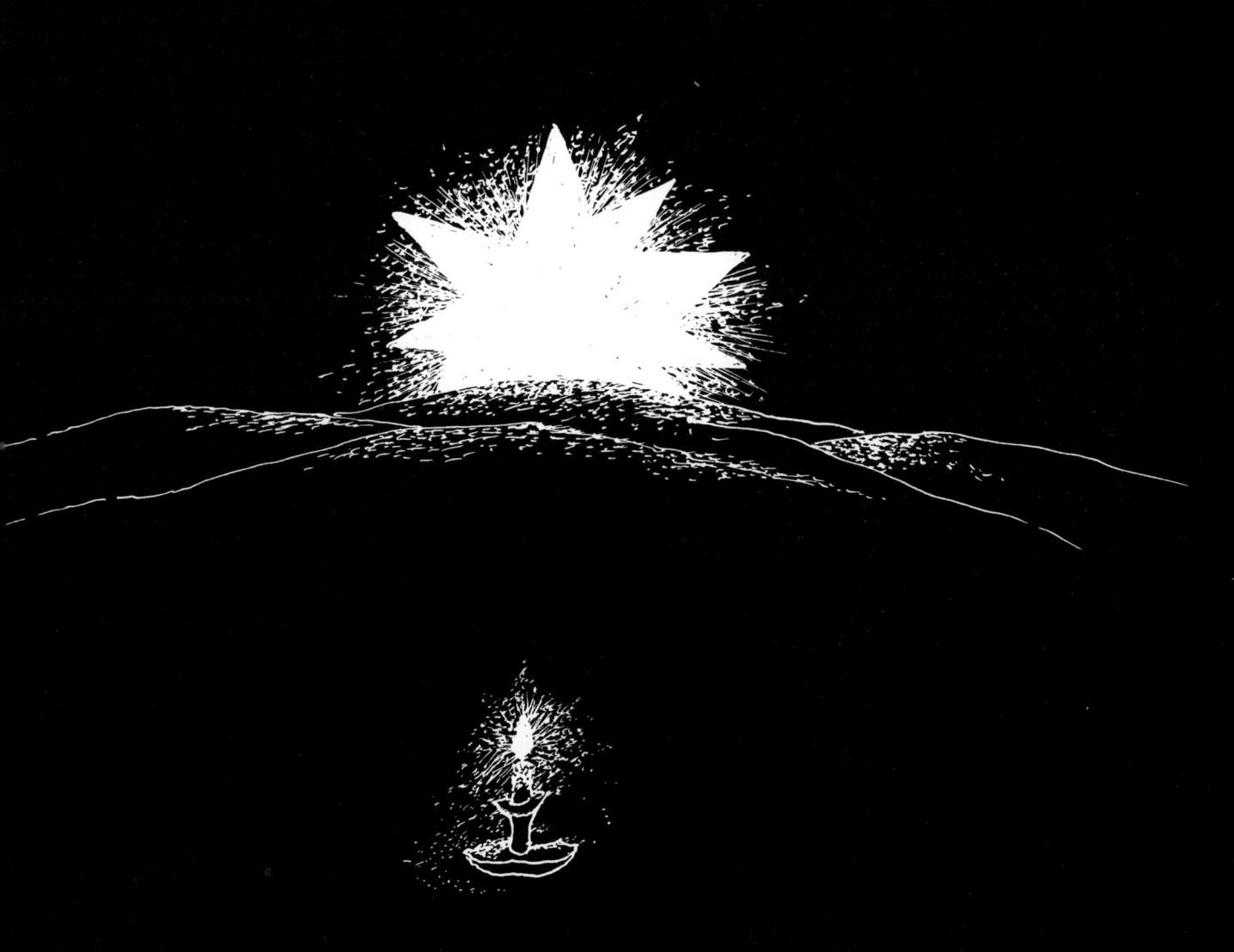

Sie haben in Babel Türme gebaut
und von da zum Himmel hinaufgeschaut.
Sie warten seit dreitausend Jahren schon
auf den Türmen an den Flüssen von Babylon.
Sie wissen: Ein Stern ist uns verheißen,
wenn der einmal aufgeht, dann müssen wir reisen!
So schauen hinauf durch das lange Rohr
Baltasar, Kaspar und Melchior.

Auf einmal schreit der Kaspar ganz,
ganz aufgeregt: »Do, guck mit dem Schwanz,
den ganz großen Stern, so gibt's sonst koin,
i glaub, ihr moint's gleiche, was i au jetz moin,
des isch'r, des isch'r, ganz gwiss ha jo,
auf den hemmr g'wartet ond jetz isch'r do.

Los, woitle*, spannt d'Elefanta jetz ei,
dent's Reispräsent au en da Koffr nei,
ond holet d'Kameler aus ihre Ställ,
's pressiert, 's pressiert, los, machet au schnell!«

* schnell, rasch

Der Kaspar denkt: I bring ihm Gold,
falls sei Mama ihm ebbes eikaufa sollt.
Vielleicht isch des a ganz armer Kenig,
en der duira Zeit isch älles viel z'wenig.
Des bringt's – no kommt bei dem ganz kloine Ma
mei Adveniat-Opfer ganz richtig a.

's will älles vorbereitet sein,
der Melchior packt den Weihrauch ein.
Packt's Schiffle ein und's Weihrauchfass
und denkt: Des isch scho gut für was!

Im Schafstall bei dene Schaf ihrem Luft
do dät scho guat a anderer Duft.
Wenn dr Schafsgschmack en älle Ecke steckt,
no braucht ma halt was, was dagege schmeckt
und anders schtenkt! –
dr Melchior denkt.
Und außerdem und in jedem Fall
halten wir Kirche auch im Stall.
Zur Liturgie mit dem göttlichen Kind
mei Weihrauchkörner grad richtig sind.
Grad so, wie's in den Psalmen steht,
mein Gebet wie Weihrauch zum Kindle nageht.

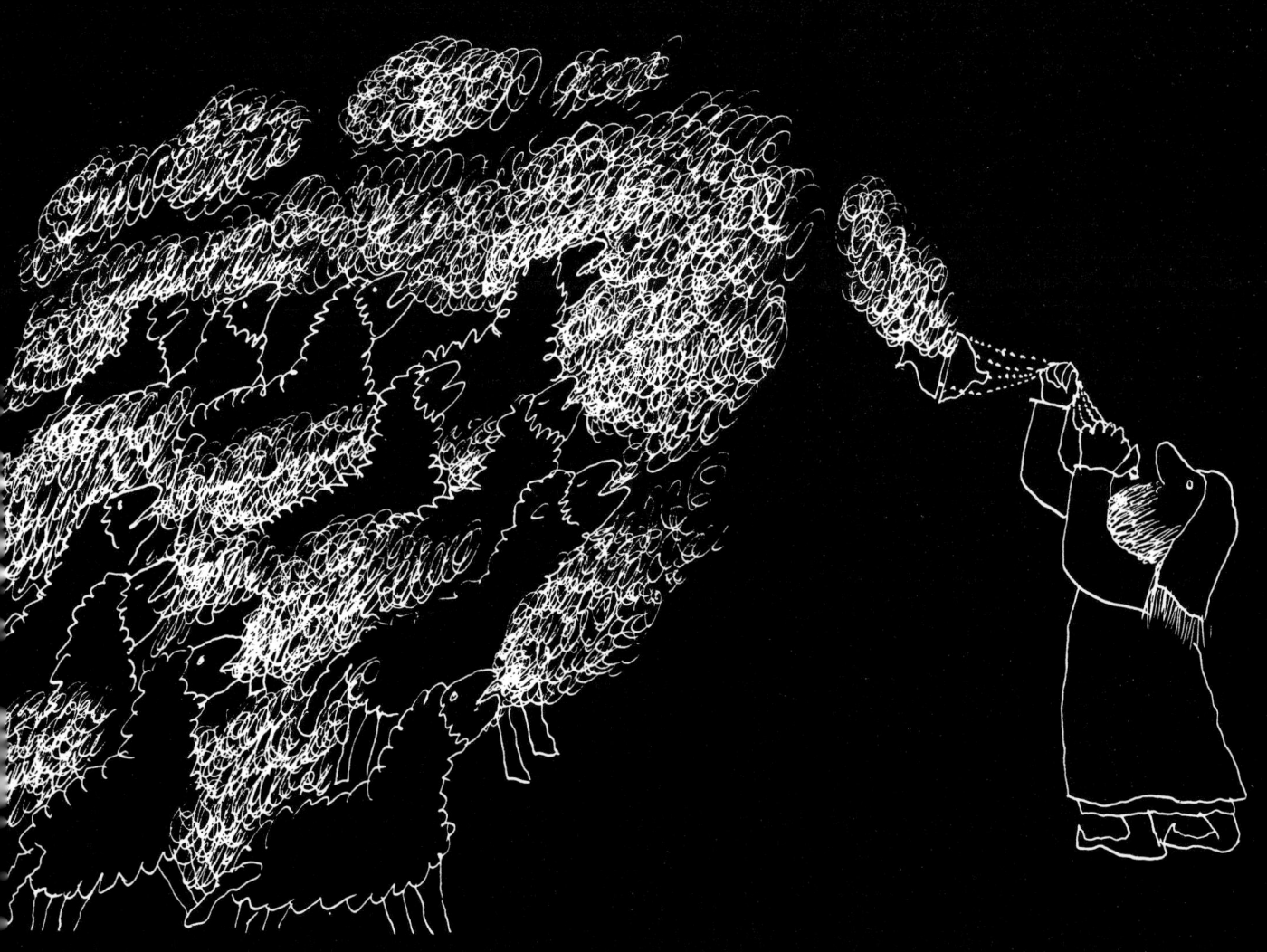

Dass ein Schwarzer ein ganz Weiser war,
das sieht man am traurigen Baltasar.
Grad eben, weil sie sind so gscheit,
sind traurig meistens die gscheitesten Leut.
Sie sind voraus ihrer eigenen Zeit.
Was einmal sein wird, das wissen sie heut
genau schon, genau wie der Baltasar,
der weiß: In dreiunddreißig Jahr,

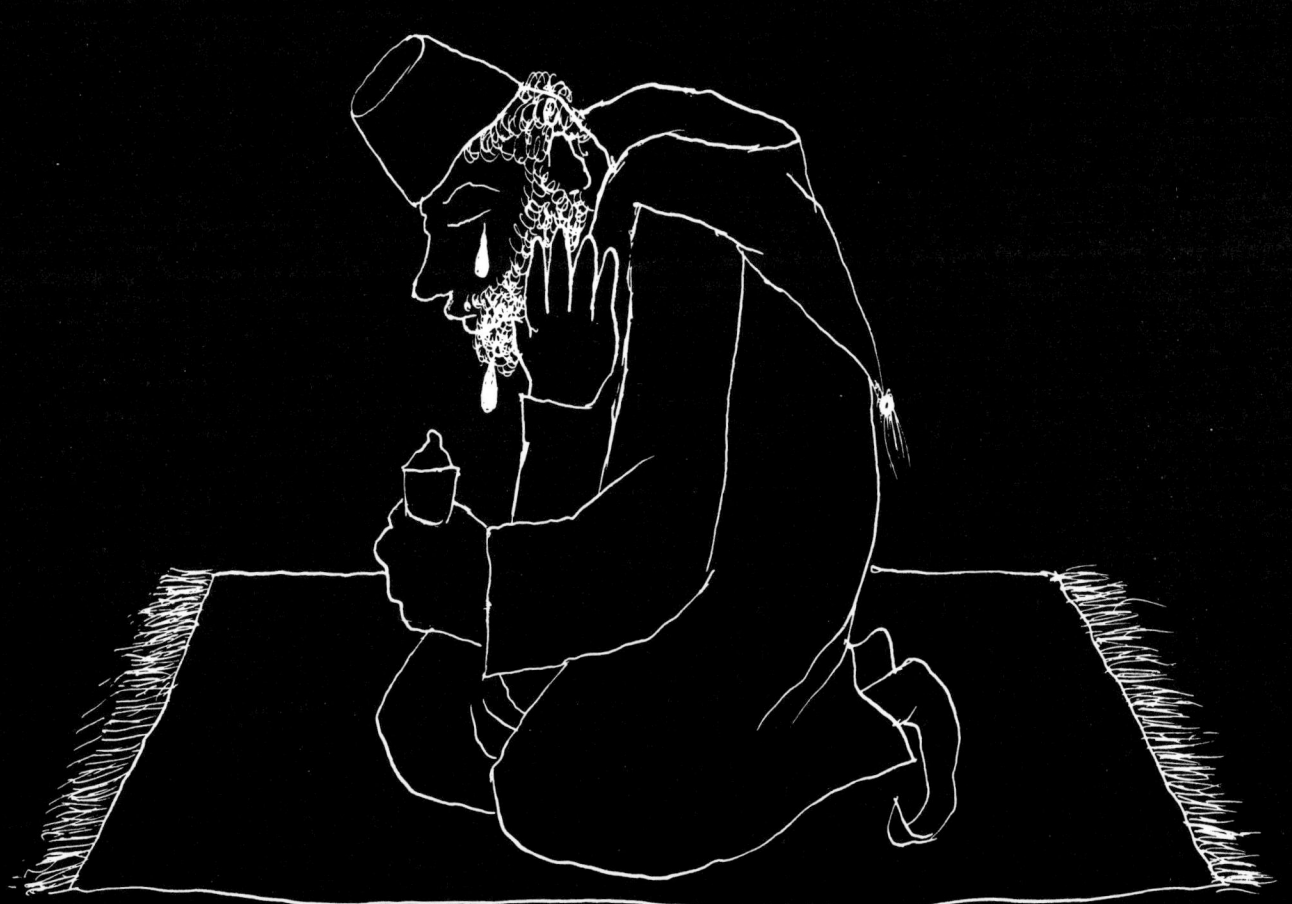

da wird sich die Sonne schwarz verfärben,
das Krippenkind wird am Kreuz versterben.
Drum pack als Geschenk ich zu meinen Sachen
die Myrrhe ein zum Mumien-machen.
Wenn sie dann einmal auf Ostern warten
am Freitagabend in einem Garten,
dass jeder dann weiß, der schaut hinab:
Es liegt ein König im Felsengrab,
der König der Dornen, dass also man find'
in Myrrhen gewickelt das göttliche Kind.
So – denkt der Baltasar – so wird es sein
und weint ein wenig in sich hinein.

Da seht ihr auch noch andere Lasten
in Säcken und Schachteln und Kisten und Kasten
fürs Kind, vor allem Sachen zum Essen,
die hat der Mattäus einfach vergessen
in seine Bibel hineinzuschreiben ...
weil's ihm nicht wichtig war, ließ er es bleiben:
Pomeranzenschalen und Zibeben
und Sultaninen, das braucht man eben
zum Lebkuchenbacken und Teig anmachen
und Zimt und Safran und andere Sachen.

Der Melchior packt ein noch ein Fläschle ganz leis
für den heiligen Josef, einen Raki aus Reis

und aus Mekka ein richtiger Mokkakaffee.
Jetzt sagen die Heil'gen Drei König ade.

Und ganz am Schluss trägt a kleins Elefäntle
ein Schaukelkamel zum hoschen* fürs Kendle.

*schaukeln

A Weihnachtsgans fertig scho in dr Soß.
Jetzt langt's aber – jetzt geht's wirklich los.

Voraus auf'm Höcker vom Dromedar
da reitet der König Baltasar.

Auf dem Kamel sieht man den zweiten,
Melchior, in die Wüste reiten.

So ziehen sie aus aus dem Morgenland,
der Kaspar reitet den Elefant.
Da drauf hat er auch immer sein Fern-
rohr und schaut damit nach dem Stern.
Er schaut, dass sie den Weg nicht verlieren,
nur auf den Stern und guckt nicht spazieren.

So reiten sie durch den Wüstensand

durch Nacht und Tag ins Heilige Land.

Da ziehn auch – ein Stück weit – im Pilgerschritt
die anderen Tiere der Wüste mit.
Dieser kleine Skorpion
wird müde nach zwei Tagen schon.

Aber diese Wüstenmaus
hält es fast vier Wochen aus.

Und es schlängelt mit noch lange
eine lange Wüstenschlange.

Bis da, wo wieder beginnt das Grüne
wandert auch mit eine Wanderdüne.

Da ist es auch, wo zum letzten Mal grüßte
der glückliche Löwe, der König der Wüste.

Auf einmal durchfährt es sie wie ein Schreck!
»Guck nauf zum Himmel – der Stern ist weg!
Der Stern ist weg – was machen wir jetzt?«
So fragen sich die Drei Weisen entsetzt.

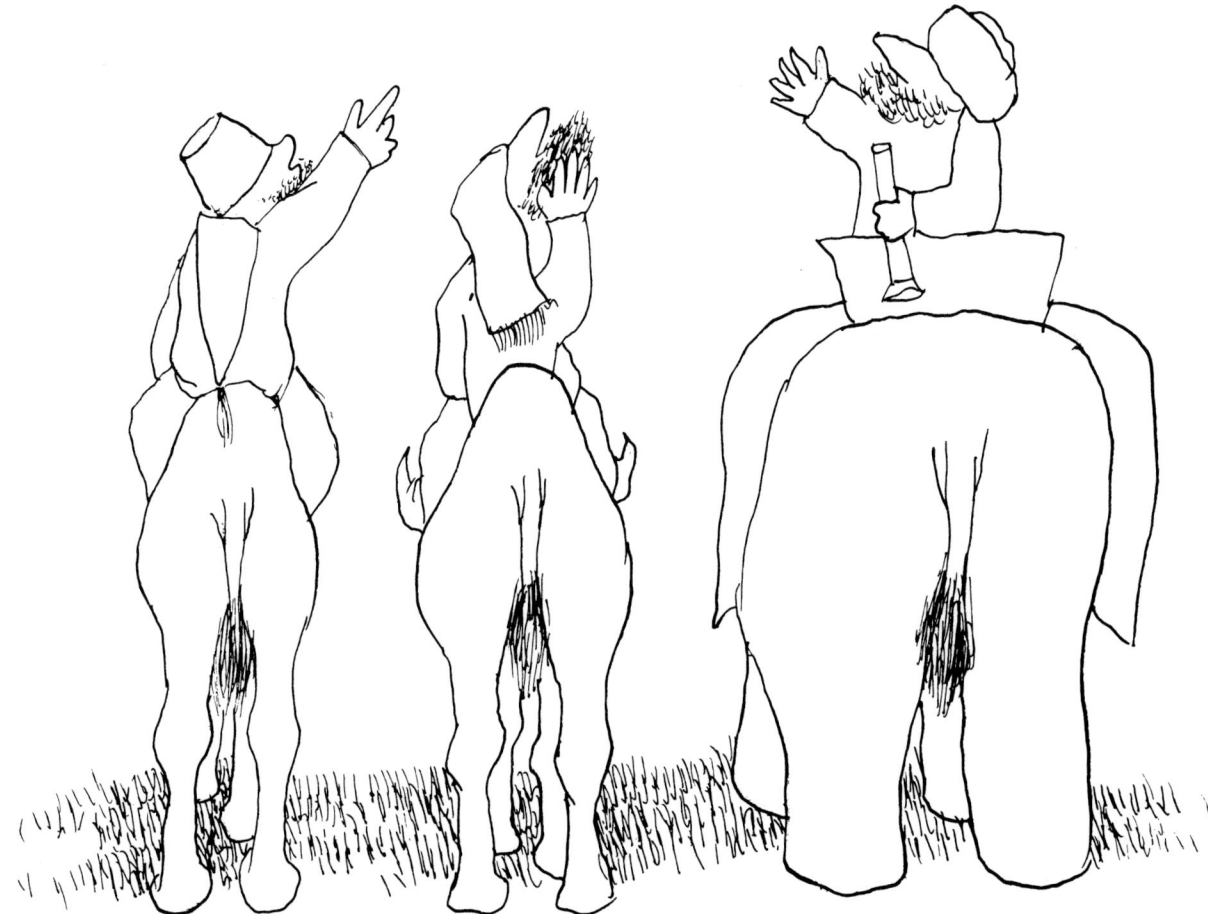

Doch da an der Grenze vom Judenland,
da steckt ein Stein im Wüstensand.
Da steht's ganz deutlich, da liest es jeder:
Nach Jerusalem noch zehn Kilometer.
Sie fassen Mut und reiten geschwind,
– vielleicht ist in Jerusalem 's Kind?

Da ist schon die Mauer, da sind schon die Zinnen!
»Schalom! Schalom!« – und schon sind sie drinnen.

Die Leut' in der Stadt, die reißen zuhauf
die Fenster und die Augen auf,
und Kegel und Kind und Frau und Mann
staunen die Karawane an.
Und manche denken im Lande Kana:
Das ist vielleicht eine Fata Morgana?
Und denken: So etwas wie die da,
in unsrer Stadt war das noch nie da!

Doch das wissen noch besser die ganz alten Leute:
So war das schon einmal, fast so wie heute.
Schon einmal kam von der Kakaoküste
ein ähnlicher Zug hierher von der Wüste.

Zu Salomos Zeiten, das waren noch Zeiten!
Da sah man daher die Königin reiten.
Von Saba und Seba und Midian
kamen die Dromedare an.
So steht's beim Propheten Jesaja schon immer.
Doch seither haben wir keinen Schimmer
davon mehr verspürt – was auch immer geschah …

Vom Elefant schreit der Kaspar jetzt ra:
»Sagt uns, ihr Leute, wir müssen uns sputen,
wo ist der neue König der Juden.
Wo ist er geboren, wo ist es geschehen?
Wir haben seinen Stern gesehen.«

Den Leuten von Jerusalem
wird's jetzt auf einmal oagnehm.
Sie zeigen scheu hinauf zum Schloss,
– vielleicht gibt's dort den neuen Spross?
Ein neuer König – dort muss man es wissen,
vielleicht liegt er dort schon in goldenen Kissen.
Wenn's nicht so ist, wird's was Arges geben,
dann geht's dem neuen Kind ans Leben.

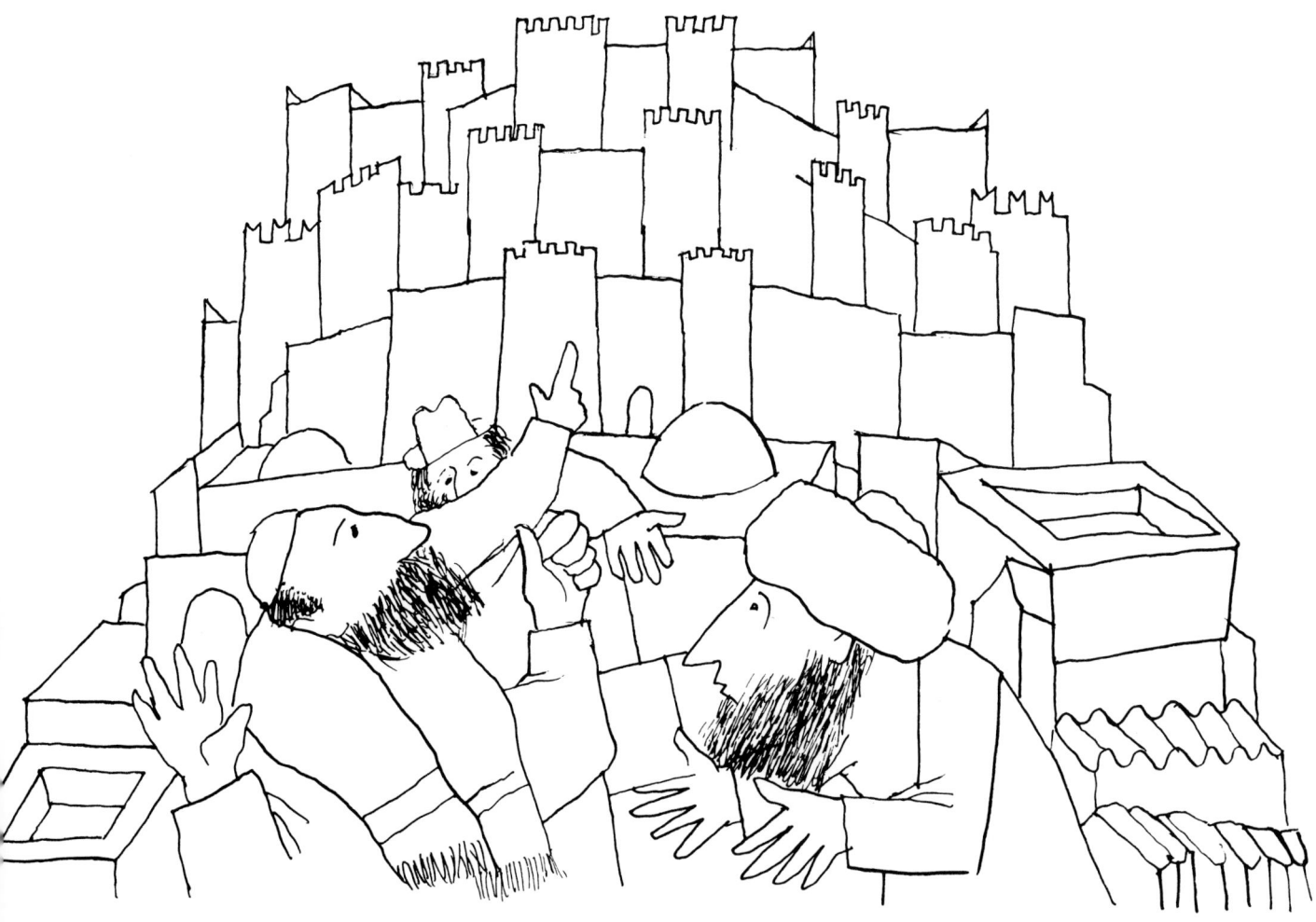

Der König Herodes hat's auch schon vernommen,
dass in die Stadt die Fremden gekommen
und was sie wollen und was sie sagen.
Er denkt: Bald werden sie mich gleich fragen.

Drum lässt er jetzt ganz leis und verstohlen
vom Tempel die Hohenpriester holen,
schickt nach der Universität,
sie sollen kommen – doch nicht zu spät! –,
die Schriftgelehrten und Professoren,
dass sie so, wo das Kind geboren,
aus ihren Büchern und Schriften und Rollen
studieren und herauslesen sollen.

Und so geschieht's, und nach zwei Stunden
haben sie es auch gefunden
und beim Propheten Micha entdeckt,
was den König Herodes dann so verschreckt:

»Betlehem, kleines Nest, du da
bist nicht das letzte in Juda,
bist überhaupt das letzte nicht!
Aus dir kommt – so der Prophet Micha spricht –
und wir haben es so herausstudiert:
aus dir kommt, der mein Volk regiert.«

In Betlehem also, in Betlehem
und grad nicht in Jerusalem!
Das wurmt den König, er wird ganz bleich.
Jetzt kommen schlechte Zeiten im Reich.

Aus seiner Angst wird schwarzer Hass.
Zu den Weisen sagt er: »Wisst ihr was?
Nach Betlehem geht und sucht nach dem Kind,
und wenn ihr es findet, dann ganz geschwind
sagt mir, wo es ist, dass ich dann gleich
kann kommen und beten zusammen mit euch
und mit euch kann das Kindlein preisen ...«

»Salem aleikum«, sagen die Weisen
und gehen schnell von diesem Ort
des unheimlichen Königs gern wieder fort.
Sie spüren und ahnen: Dieser Herodes,
das ist der dunkle König des Todes.

Sie reiten durch das Stadt-Tor schnell,
da wird es über ihnen hell.
Da ist er wieder, der Stern mit dem Schein.
Jetzt reiten sie über Stock und Stein.

Vor Betlehem, vor den Mauern der Stadt,
wo Maria das Kindlein geboren hat,
steht still der Stern, da strahlt sein Schein

auf den Stall und sie schauen ganz leise hinein.
Maria und Josef sind da und das Kind.
Sie wissen, dass sie am Ziel jetzt sind.
Es ist das Kindlein, das jetzt erwacht,
der Morgenstern der finstern Nacht.

Da gehn sie hinein und beugen das Knie
und schauen und mögen das Kindlein, und wie!
Und schenken ihm Gold und Myrrhe auch,

und Melchior langt nach seinem Rauch
und macht mit dem Rauchfass jetzt die Inzens.

Die Tiere machen die Reverenz,
sie beugen die Knie auf jeden Fall
und schauen ganz lange hinein in den Stall,
und beten alle in guter Meinung
die Andacht am Nachmittag von Erscheinung.

Nach der Andacht muss das Kindlein zur Ruh.
Jetzt geht es auch noch anders zu:
Der Melchior gibt dem Josef leis
das Fläschlein mit dem Raki aus Reis.

Und Kaspar serviert auf einem Tablett
den Mekka-Mokka ans Wochenbett.

Und vor dem Stall, da feiern sie,
die ganze jetzt heilige Menagerie.
Dromedar und Elefant
machen sich mit dem Ochs bekannt.

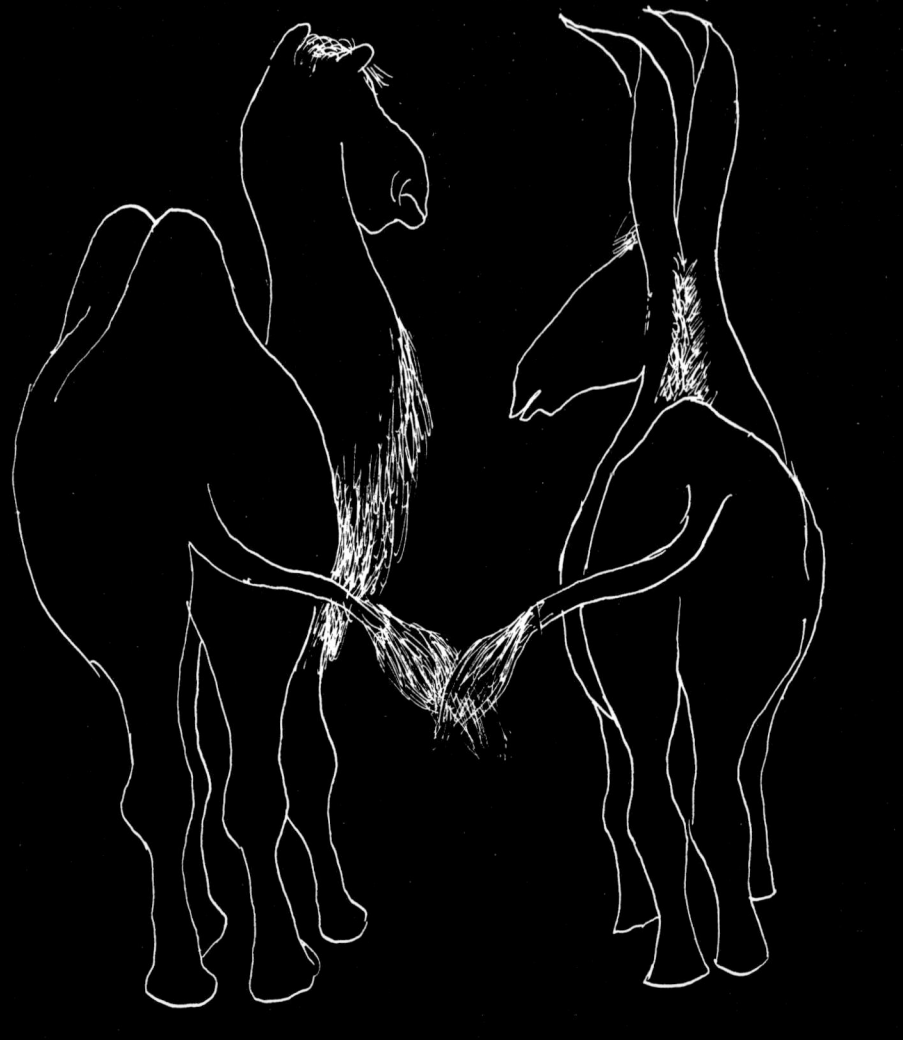

Und aus Arabien macht das Kamel
Freundschaft mit'm Esel aus Israel.

Bald wird es Nacht, bald schlafen sie alle,
alle zusammen, alle im Stalle.
Und Josef sagt: »Elefant, mit dem G'schnauf,
weck mir nur ja nicht das Kindlein auf!«

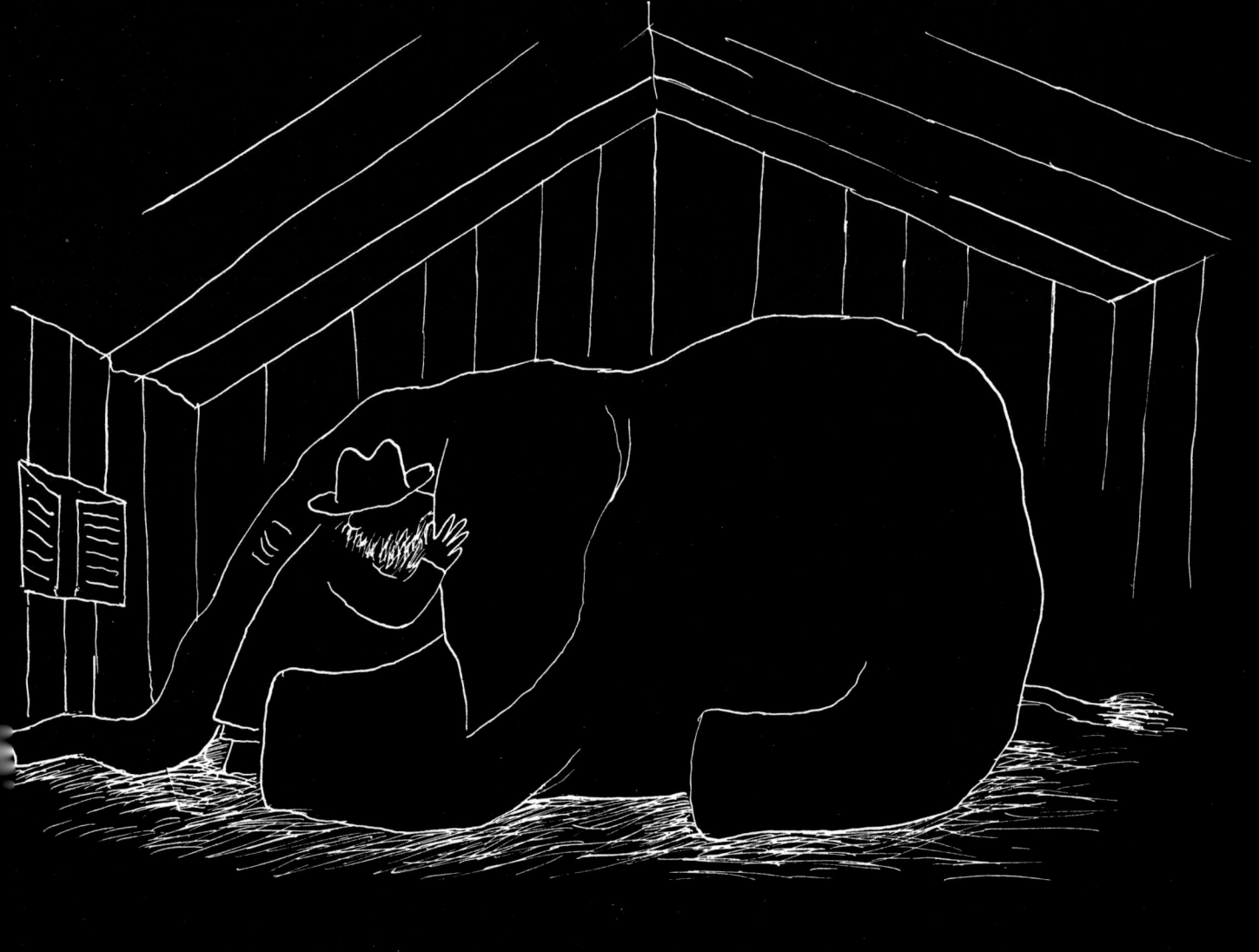

Der tut den Rüssel gehorsam nach außen
und schläft jetzt drinnen und schnauft jetzt draußen.

Still wird's im Stall jetzt und ganz Nacht.
Das letzte, was der Josef macht:
Er hängt an den Nagel den Heiligenschein
und krabbelt tief ins Heu hinein.

Der heilige Josef ohne sein Schein
schläft wie ein gewöhnlicher Josef – gleich ein.

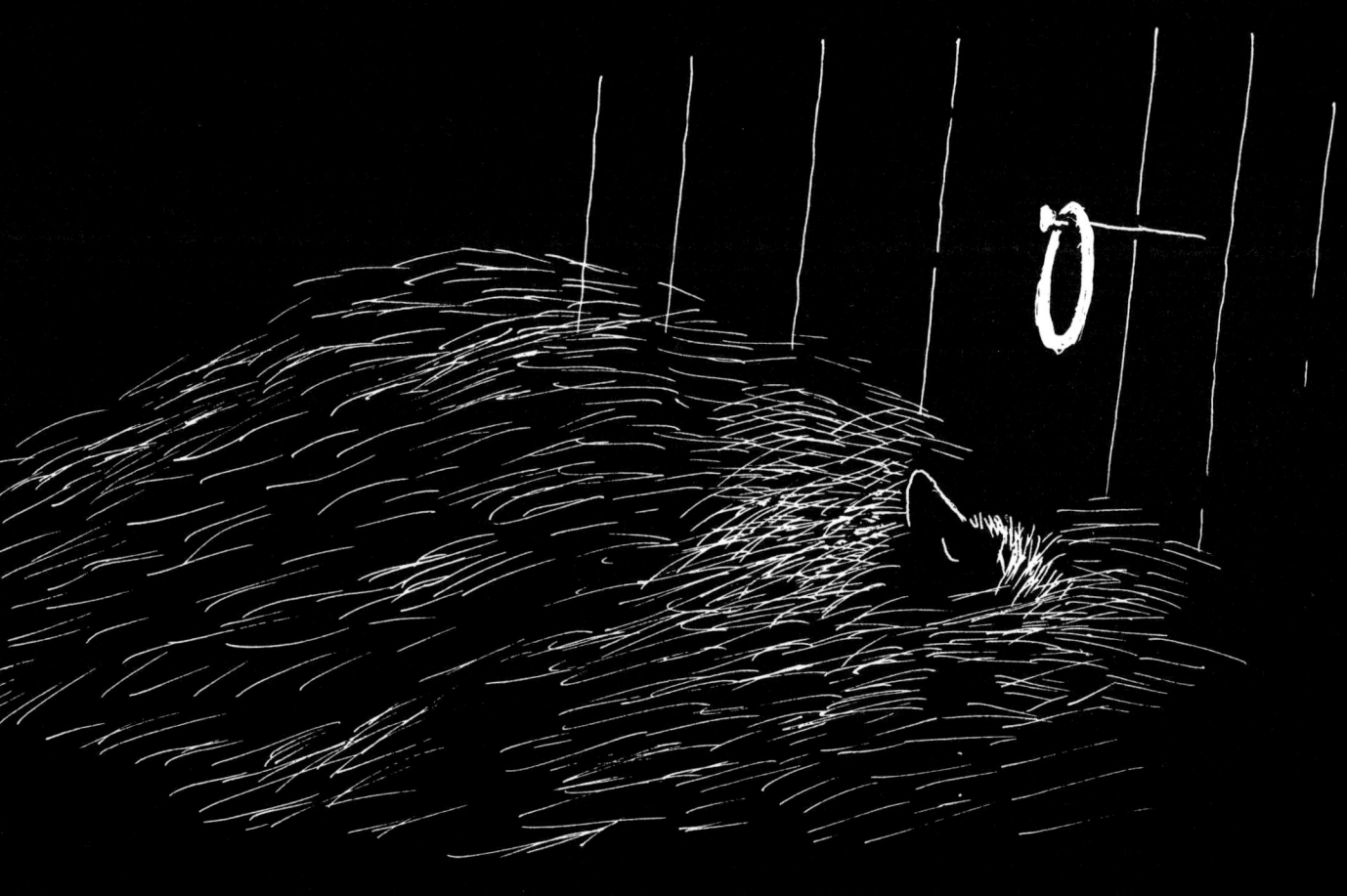

Und über allen in dieser Nacht
der Wanderstern am Himmel wacht.
Nach einer Weile ein Engel stupft
im Traum die Weisen und er zupft
die Zudecke weg: »Steht auf geschwind,
sagt schnell ade zu dem göttlichen Kind.
Ihr sollt auch den Herodes vermeiden
und nicht mehr nach Jerusalem reiten!«

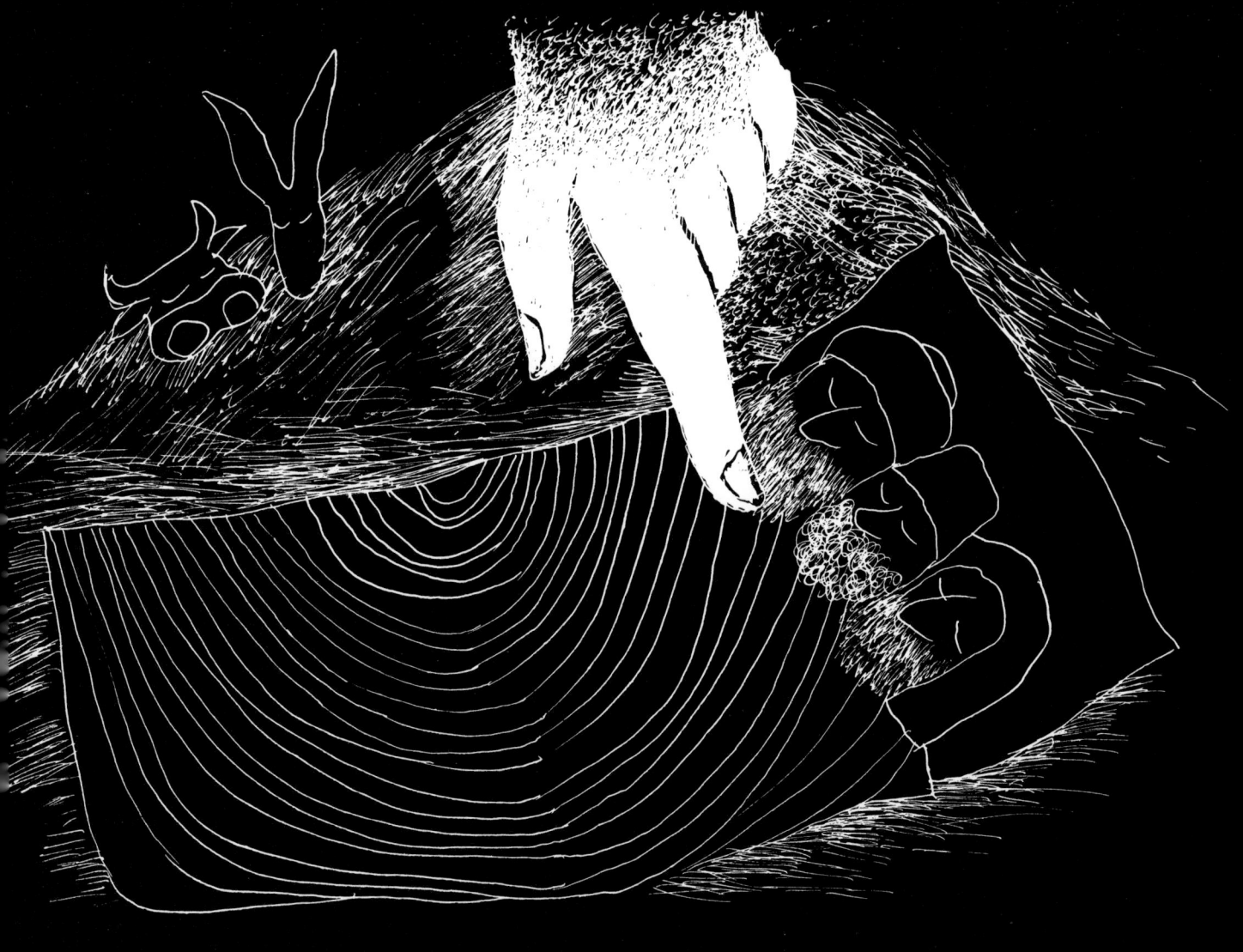

So ziehen sie fort, noch immer voll Glück,
auf einem anderen Weg zurück

nach Hause und sind seit diesen Stunden
aus der Heiligen Schrift verschwunden.

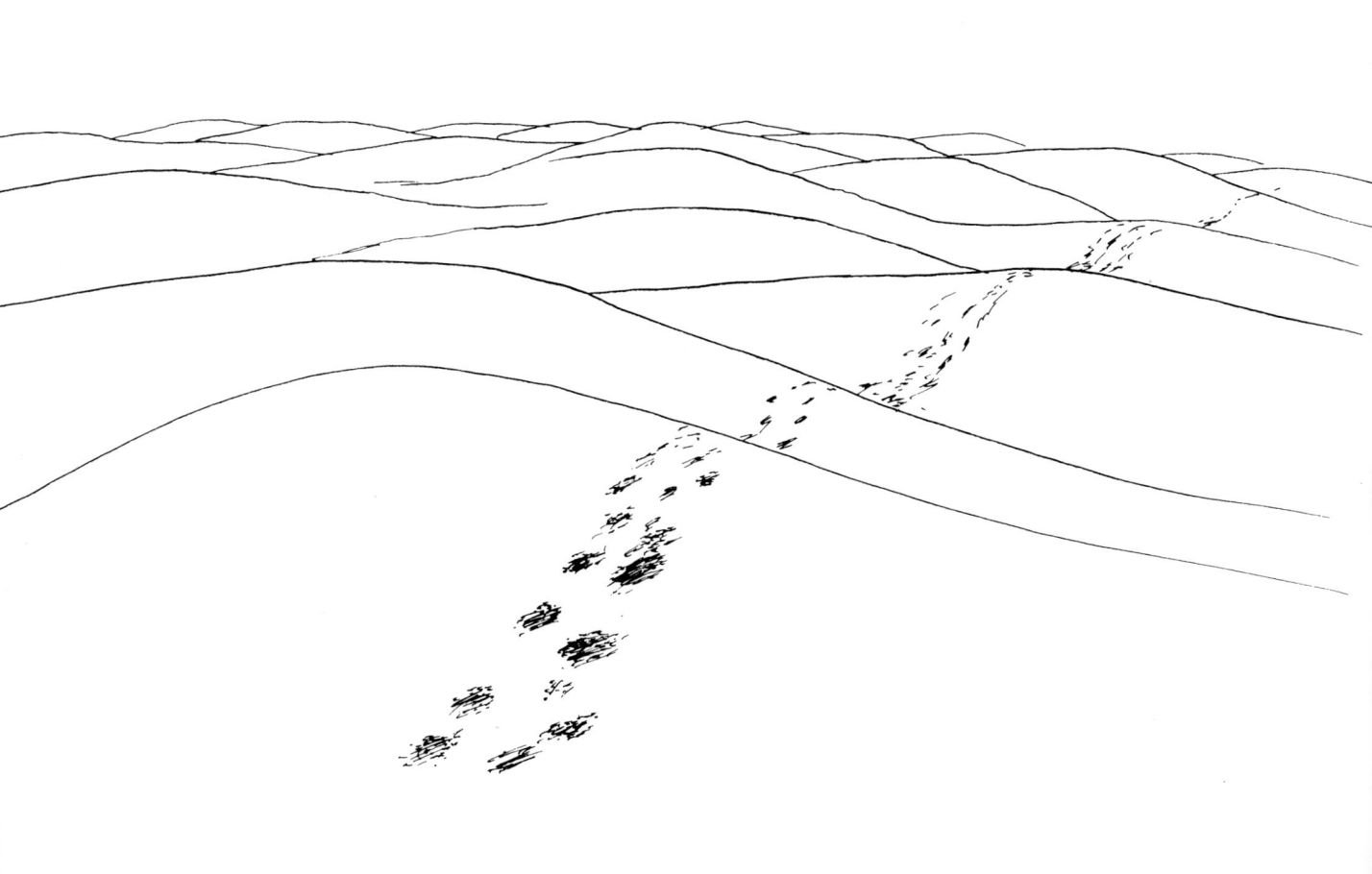

Ihr Stern aber bleibt und strahlt allen Frommen,
die heut Nacht hierher zur Christmette kommen
in Rosenberg, den Kindern, und sagt,
dass ihr das Sternenlicht weitertragt,
dass jedes von euch ein Stern kann sein,
wie ein Licht in die kalte Welt hinein,

wenn ihr von euren Weihnachtsgaben
denen auch gebt, die gar nichts heut haben.
Wenn ihr an die hungrigen Kinder denkt
der weiten Welt und ihnen schenkt,
dann seid ihr Licht vom Licht des Herrn,
dann leuchtet für sie und für euch sein Stern.
Bringt eure Gaben jetzt zum Altar
wie Kaspar und Melchior und Baltasar.
Und bringt zum Altar jetzt Brot und Wein,
Christus will in uns geboren sein.

Der Maler und Autor

Sieger Köder, 1925–2015, Studium an der Kunstakademie Stuttgart, 1954 bis 1965 Kunsterzieher in Aalen. Studium der Katholischen Theologie in Tübingen und München, Priesterweihe 1971. Bis 1995 Pfarrer in Hohenberg und Rosenberg. Zahlreiche Arbeiten im Kirchenraum, Wandmalerei, Fenster, Altäre, Tabernakel, Kreuzwegstationen, Ölbilder, Zeichnungen, Illustrationen. Durch DIE BIBEL mit ihren 107 großformatigen Abbildungen sowie den Schmuck- und Postkarten ist seine religiöse Kunst vielen Menschen vertraut geworden.